Phantasie

Wenn die Gedanken Flügel kriegen,
Trägt dich die Phantasie davon,
Träume die Wirklichkeit besiegen,
Und dein Wunsch erfüllt sich schon.
Das Zauberland öffnet sein Tor.
Es ist ganz einfach: Stell dir vor . . .

Barbara Zander

Lernen ist lustig

STELL DIR VOR...

TIME KINDER-
LIFE BIBLIOTHEK

Inhalt

Wünsche und Träume

Von Riesen und Elfen

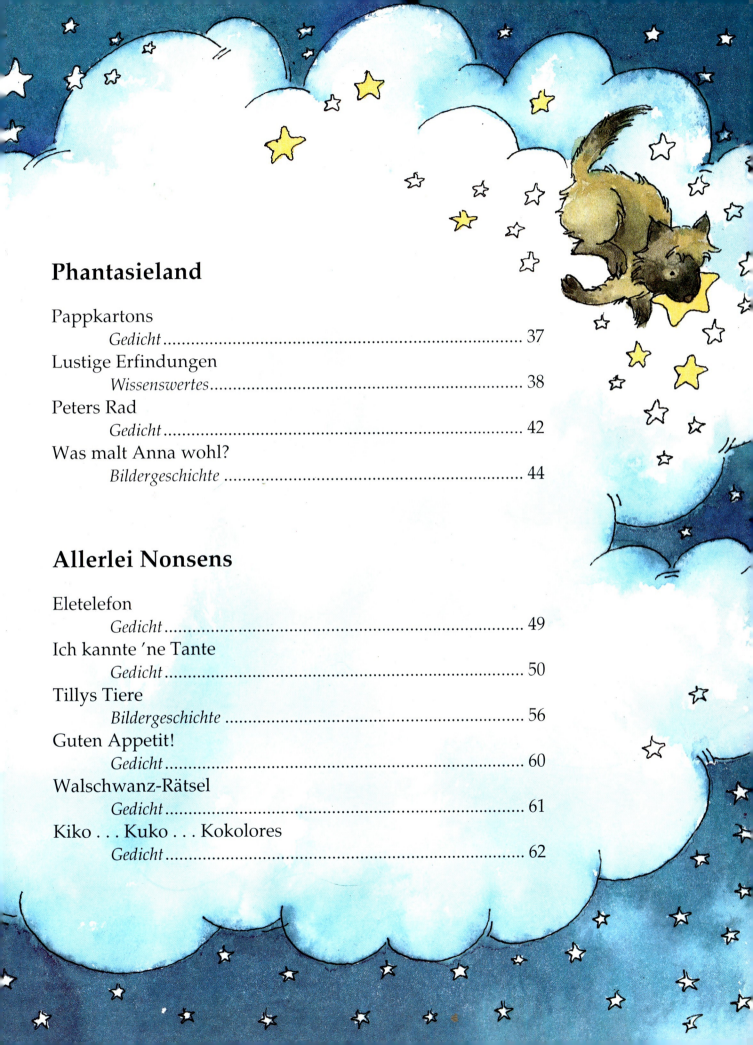

Phantasieland

Allerlei Nonsens

Wünsche und Träume

4

Mein Traum

Ich träumte mal von einer Welt
Aus Käsebrot und Kuchen.
Ich brauchte keinen Pfennig Geld,
Ihr könnt mich gern besuchen.
Aus blauer Tinte ist das Meer,
Am Himmel Diamanten blinken.
Mein Magen, der ist niemals leer,
Nur was ist mit dem Trinken?

Vickys verdrehte Welt

Von Michael Pellowski

Verdrehte Welt? *„Märchen aus einer verdrehten Welt"*, kicherte Vicky, als sie ihr neues Buch aufschlug, „das ist aber ein lustiger Titel!" Vicky war eine unverbesserliche Leseratte, und kein Buch war vor ihr sicher. Doch am liebsten las sie Geschichten, die nicht so alltäglich waren. Beim Lesen stellte sie sich dann oft vor, daß sie selbst in diesen Geschichten mitspielte.

Vicky stöhnte und gähnte laut. Sie war müde. Aber trotzdem wollte sie die erste Geschichte in ihrem neuen Buch noch lesen, bevor es Abendessen

gab. „Ich tue jetzt mal was ganz Verrücktes", dachte Vicky, „ich fange nicht von vorne an zu lesen, sondern einfach mal von hinten!" Also schlug Vicky die letzte Seite auf. Dort war ein geheimnisvoller Zauberwald abgebildet. Sie begann zu lesen, doch nach kurzer Zeit fielen ihr die Augen zu.

„PIEP, PIEP, PIEP! Aus dem Weg, weg da!" piepste da laut eine Stimme.

Vicky riß die Augen auf. Wo war sie? „Bin ich eingeschlafen?" fragte sie sich.

„Nein, du bist in dein Buch hineingeschlüpft", sagte die Piepsstimme, „und jetzt stehst du uns im Wege!"

6

Zu Vickys Überraschung sagte das eine Gans. „Können Gänse denn überhaupt sprechen?" murmelte sie leise vor sich hin.

„In der verdrehten Welt schnattern die Gänse nicht, sie piepsen!" bekam sie zur Antwort. „Aber jetzt geh bitte aus dem Weg, denn es wird Winter, und dann ist es für uns Wildgänse an der Zeit, in den Norden zu ziehen."

„Ich denke, Wildgänse fliegen im Winter in den Süden", wunderte sich Vicky, aber da sie nicht widersprechen wollte, machte sie den Gänsen Platz. „PIEP, PIEP, PIEP!" watschelten die Tiere im Gänsemarsch vorbei und verschwanden langsam im Wald.

Plötzlich hörte Vicky ein Gejaule, das immer näher kam. Und schon sauste ein Hund an ihr vorbei, verfolgt von einer Horde wütender Katzen.

„Wohin bin ich hier bloß geraten?" wunderte sich Vicky und lehnte sich an einen großen Baum, der einen grünen Stamm und braune Blätter hatte.

„Hier bist du an einem verdrehten und verzauberten Ort", rief eine

Stimme von oben. Auf einem Ast saß ein Schmetterling mit vielen Punkten auf den Flügeln. „Hier werden alle Wünsche Wirklichkeit", fuhr er fort.

„Mir ist es aber unheimlich hier", seufzte Vicky, „ich möchte lieber wieder nach Hause."

„Du kommst bestimmt wieder nach Hause. Nur mußt du deinen Wunsch richtig aussprechen", tröstete sie der Schmetterling. „Aber entschuldige mich. Es ist höchste Zeit. Ich muß mich jetzt in eine Raupe verwandeln."

Als der Schmetterling davongeflogen war, ging Vicky in den Wald hinein. Dort traf sie auf einen kugelrunden, pinkfarbenen Bären. Er hatte purpurfarbene Ohren und fuhr auf seinem Fahrrad rückwärts. „Paß auf, hier komm ich! Mach mir den Weg frei!" schrie der Bär und raste auf Vicky zu.

Vicky sprang zur Seite, aber der Bär krachte mit einem lauten RUMMS! gegen einen dicken Baum.

„Hoffentlich ist dir nichts passiert",
rief Vicky erschrocken und half dem
Bären auf. „Warum schaust du denn
nicht, wohin du fährst?"

„Ich schaue niemals, wohin ich gehe,
ich schaue viel lieber dorthin, woher
ich komme", antwortete der Bär.

„Was, was, was?" krächzte oben aus
dem Baum eine Eule.

„Nicht *was*, sondern *wer* solltest du
fragen", verbesserte Vicky. „*Wer* ist
gegen den Baum gefahren!"

„Ich weiß schon, *wer* das war, ich
wollte nur wissen, *was* er gesagt hat",
rief die Eule schnippisch und hüpfte
beleidigt davon.

„Mach dir nichts draus, die Eule ist
sauer, weil sie heute nacht kein Auge
zugemacht hat und nun den ganzen
Tag arbeiten muß", entschuldigte sich
der Bär für die Eule.

Vicky zuckte verständnislos mit den

9

Schultern. Sie war total durcheinander, als der Bär sein Fahrrad aufhob und brummelte: „Ich muß jetzt zum Essen nach Hause, kommst du mit?"

„Danke für die Einladung, gerne!" sagte Vicky.

„Schade, daß du nicht mitkommen kannst", meinte der Bär und schwang sich auf sein Fahrrad.

„Aber ich *will ja* mitgehen . . . ich bin hungrig", stotterte Vicky.

„Schade, daß du keinen Hunger hast. Tschüs, mach's gut!" rief der Bär noch und radelte davon.

„Aber ich *bin sehr hungrig*", rief ihm Vicky hinterher. „In was für eine schreckliche Welt bin ich geraten?"

„Die verdrehte Welt ist nicht schrecklich. Es ist eine verzauberte Welt", flüsterte da eine kleine Raupe mit vielen

Punkten. „Hier werden alle Wünsche Wirklichkeit, aber nur, wenn der Wunsch richtig ausgesprochen wird."

„Es ist eine blöde Welt, in der alles falsch herum ist", murmelte Vicky.

Aber plötzlich begriff sie, was sie tun mußte, um nach Hause zu kommen.

„Verkehrt herum! Alles verdreht! Das ist es!" Vicky lachte, schloß ihre Augen und rief: „Ich wünsche mir, daß ich für immer in der verdrehten Welt bleiben darf, niemals mehr im Leben

möchte ich nach Hause zurück!"

„Aufwachen! Vicky, aufwachen!" Langsam öffnete das Mädchen die Augen und sah . . . ihre Mutter. „Klapp dein Buch zu und komm, das Abendessen ist fertig!"

„Ja, Mami." Vicky schlug ihr Buch zu. *Märchen aus einer verdrehten Welt* stand auf dem Umschlag. Nach dem Essen wollte sie weiterlesen – aber diesmal würde sie ganz bestimmt von vorne anfangen.

11

KLEIN ODER GROSS?

Schau, der winzige Marienkäfer.
Ich wollte, ich wäre auch so klein.
Was dann wohl passierte?

O je! Hier fühle ich mich ja wie im Urwald! Das Gras ist viel größer als ich! Jetzt bin ich so winzig, daß meine Puppe Susi und mein Ball viel größer sind als ich.

12

Wenn ich so groß wäre wie ein Haus, dann wäre die Welt um mich herum wie winziges Spielzeug.

Wäre ich so groß wie ein Riese, dann könnte ich mich bei Regen nirgendwo unterstellen. Ach, ich finde mich genau richtig!

Von Riesen und Elfen

Elfenlied

Bei Nacht im Dorf der Wächter rief:
„Elfe!"
Ein ganz kleines Elfchen im Walde schlief –
Wohl um die Elfe! –
Und meint, es rief ihn aus dem Tal
Bei seinem Namen die Nachtigall,
Oder Silpelit hätt ihn gerufen.
Reibt sich der Elf die Augen aus,
Begibt sich vor sein Schneckenhaus
Und humpelt also tippe, tapp
Durchs Haselholz ins Tal hinab.
Schlüpft an der Mauer hin so dicht,
Da sitzt der Glühwurm, Licht an Licht.
„Was sind das helle Fensterlein?
Da drin wird eine Hochzeit sein:
Die Kleinen sitzen beim Mahle
Und treiben's in dem Saale.
Da guck ich wohl ein wenig 'nein!"
– Pfui, stößt's den Kopf am harten Stein!
Elfe, gelt, du hast genug?
Guckuck! Guckuck!

Eduard Mörike

Mein Drache

Oft sitz ich abends
lange wach
in meinem Bett
und denke nach.

Schau aus dem
dunklen Fenster raus,
rings um mich
ist es still im Haus.

Und scheint am Himmel
hell der Mond,
dann kommt mein Drache
wie gewohnt.

22

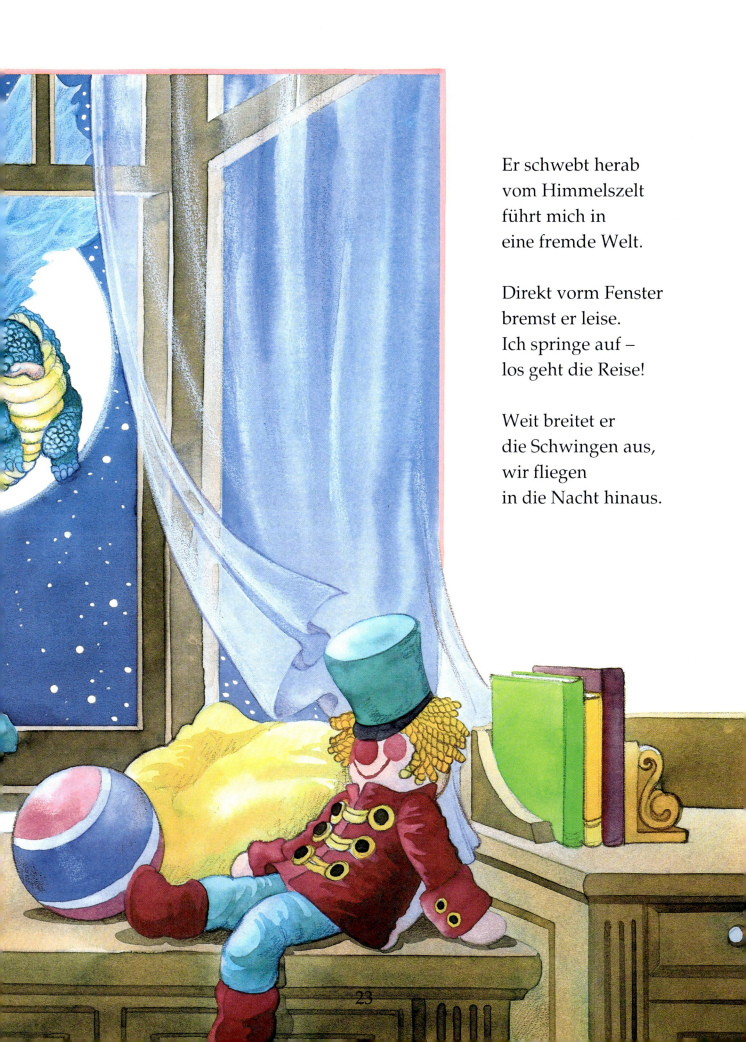

Er schwebt herab
vom Himmelszelt
führt mich in
eine fremde Welt.

Direkt vorm Fenster
bremst er leise.
Ich springe auf –
los geht die Reise!

Weit breitet er
die Schwingen aus,
wir fliegen
in die Nacht hinaus.

23

Mild sind die Lüfte,
sanft weht der Wind,
so fliegen wir
dahin geschwind.

Weit hinter uns
liegt schon die Stadt,
mein Drache wird
so schnell nicht matt.

Und weiter geht es,
schnell und leicht.
Bald haben wir
das Meer erreicht.

Tief unten liegt,
vom Mond beschienen,
ein Eiland, wo sich
Palmen wiegen.

Dort landen wir
im weichen Sand.
Wir sind jetzt
im Fantasialand.

Drei Echsen heißen
uns willkommen.
Ich bin vom Flug
noch ganz benommen.

Gleich spielen sie
zu dritt ein Lied,
wir beide
singen fröhlich mit.

Ich tanze auf
des Drachen Hand,
gerate außer
Rand und Band.

Im Mondschein toben
wir herum.
Doch leider ist
die Zeit bald um.

Wir müssen los,
Bin schon bereit!
Der Weg nach Hause
ist noch weit.

Zum Abschied wir
ein Gläschen trinken.
Wir starten jetzt,
die Echsen winken.

Wir sausen los,
der Drache lacht.
Dann hat er mich
ins Bett gebracht.

27

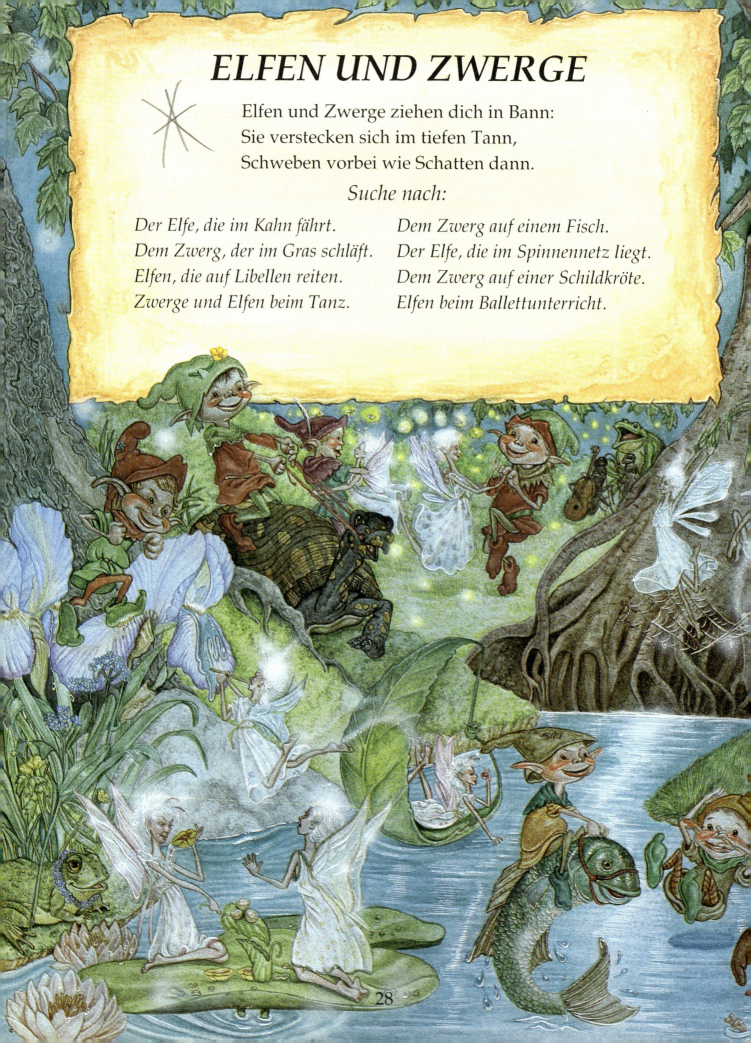

ELFEN UND ZWERGE

Elfen und Zwerge ziehen dich in Bann:
Sie verstecken sich im tiefen Tann,
Schweben vorbei wie Schatten dann.

Suche nach:

Der Elfe, die im Kahn fährt.

Dem Zwerg, der im Gras schläft.

Elfen, die auf Libellen reiten.

Zwerge und Elfen beim Tanz.

Dem Zwerg auf einem Fisch.

Der Elfe, die im Spinnennetz liegt.

Dem Zwerg auf einer Schildkröte.

Elfen beim Ballettunterricht.

Die Bohnenranke

Nach einem alten englischen Märchen

Es lebte vor vielen Jahren zusammen mit seiner Mutter ein kleiner Junge, der hieß Johannes. Sie bewohnten eine winzige Kate und hatten eine Kuh.

Doch eines Tages gab die Kuh keine Milch mehr.

„Du mußt auf den Markt gehen und die Kuh verkaufen", sagte die Mutter, „aber paß auf, daß du einen guten Preis bekommst, denn die Kuh ist unser einziger Besitz." Und so zog Johannes los.

Kaum war er ein kleines Stück gegangen, da traf er auf einen seltsamen, alten Mann, der einen grauen Bart trug.

„Wenn du mir diese Kuh verkaufst", sagte der alte Mann, „dann bekommst du von mir dafür fünf Bohnen."

Jungen ohne Essen ins Bett schickte.

Als Johannes am nächsten Morgen aus dem Fenster schaute, traute er seinen Augen nicht. Dort wuchs eine riesige Bohnenpflanze bis hoch in den Himmel! Schnell wie der Blitz kletterte er die Ranke hinauf. Er mußte lange klettern, und als er schließlich die Spitze erreicht hatte, sah er vor sich ein Schloß, und

„Was soll ich mit fünf vertrockneten Bohnen?" fragte Johannes.

„Das sind Zauberbohnen!" flüsterte der alte Mann, „wenn du sie einpflanzt, dann werden sie bis in den Himmel hinein wachsen."

Johannes war neugierig geworden, und er ließ sich auf den Tausch ein. Er rannte schnell nach Hause und erzählte seiner Mutter von dem glücklichen Geschäft. Doch die wurde so wütend, daß sie die Bohnen aus dem Fenster warf und den

31

ausstehen. Wenn er dich sieht, wird er dich packen", wisperte die Alte. „Aber komm nur herein, ich gebe dir etwas. Aber dann versteche dich gleich!"

Als Johannes beim Essen saß, erzitterte plötzlich das Schloß. Er huschte sofort hinter einen Stuhl und konnte sehen, wie ein grimmiger Riese ins Zimmer trat. Lärmend setzte er sich zu Tisch und fing an, mit seiner dicken Nase rumzuschnüffeln.

Der Riese brüllte: *„Ich rieche Menschenfleisch! Ich werde das Balg packen und es zermalmen!"*

„Was du riechst, das ist doch nur dein Frühstück", meinte die Alte.

Da fing der Riese an zu essen: 200 Pfannku

vor dem Portal stand eine alte Frau.

„Guten Morgen. Ich habe großen Hunger. Haben Sie nichts für mich zu essen?" fragte Johannes höflich.

„Mein Mann kann Kinder nicht

Eier, eines nach dem anderen, bis ein riesiger Goldhaufen auf dem Tisch lag. Johannes kam aus dem Staunen nicht heraus – doch der Riese war eingeschlafen.

„Wenn wir dieses Huhn hätten, das wäre wunderbar", dachte er. Vorsichtig schlich er zum Tisch, packte das kleine, braune Huhn, rannte aus dem Schloß und kletterte eilig die Ranke hinunter.

Johannes und seiner Mutter ging es von da an sehr gut. Sie verkauften die Eier, und von dem Geld schafften sie sich warme Kleider an, und zum Essen gab

chen, 90 Eier, und er trank 50 Liter Buttermilch dazu. Unterdessen setzte die Frau ein kleines, braunes Huhn auf den Tisch, das der Riese anbrüllte: „Los, leg Eier!"

Darauf legte das kleine, braune Huhn goldene

es nur noch Delikatessen. Doch eines Tages hörte das kleine, braune Huhn einfach auf, goldene Eier zu legen. Und die beiden waren nun wieder so arm wie zuvor. Da wurde Johannes Mutter ganz furchtbar traurig.

Also kletterte Johannes wieder die Bohnenranke hinauf. Oben angekommen, ging er gleich ins Schloß hinein. Dort sah er auf dem Tisch noch Speisereste stehen. Als Johannes sie einstecken wollte, erzitterte das Schloß. In der Tür stand der Riese und neben ihm seine Frau.

Er brüllte: *„Ich rieche Menschenfleisch. Wenn ich den Jungen habe, dann werde ich ihn zerdrücken wie eine Wanze!"*

„Hier ist niemand", sagte die Alte, und Johannes konnte sich gerade noch verstecken. „Was du riechst, das ist das Essen, das ich dir zubereitet habe."

Und so setzte sich der Riese an den Tisch und verschlang vier Spanferkel, 40 Pfund Kartoffeln, 30 Pfund dicke Bohnen und schlürfte gierig 40 Liter Zwiebelsaft dazu. In der Zeit hatte seine Frau eine goldene Leier auf den Tisch gestellt. „Spiele!" befal der Riese barsch.

Darauf spielte die Leier so wunderschön, daß Johannes ganz verzaubert lauschte, doch der Riese war schon wieder eingeschlafen.

„Wenn ich diese Leier hätte, dann würde ihre Musik meine Mutter ganz bestimmt wieder

stürzte der böse Riese in den Tod.

Die Mutter trug die Leier ganz vorsichtig ins Haus. Und die fing dort vor Freude sofort zu spielen an, als sie das kleine, braune Huhn wiedersah. Auch das Huhn war überglücklich, und es legte gleich wieder seine goldenen Eier.

So fehlte es Johannes und seiner Mutter nie mehr an etwas, und sie lebten glücklich und zufrieden bis ans Ende ihrer Tage.

froh machen", dachte Johannes. So ging er leise zum Tisch, um die Leier vorsichtig an sich zu nehmen. Aber die kreischte schrill: „Halt, was machst du?"

Voller Angst rannte Johannes zur Bohnenranke, kletterte eilig hinab und umklammerte ganz fest die Leier. Da schwankte die Ranke gefährlich – der Riese war ihm gefolgt.

„Mutter, Hilfe! Schnell, ein Beil!"

Johannes' Mutter kam mit einem Beil, und der Junge hackte die Bohnenranke ab. Dabei

Phantasieland

Pappkartons

Große und auch kleine Schachteln
Kannst du wunderbar benutzen,
Kannst mit Geschick und Phantasie
Türme bauen und auch Butzen.

Die Katze kriegt den Schuhkarton,
Für Foxi bau ein kleines Haus,
Häng einen Lampion aufs Dach!
Dann schneid ihm noch ein Fenster aus.

Gemeinsam bauen alle Kinder
Ein Schloß mit Zinnen und Balkon.
Dies alles und noch andere Dinge
Sind möglich mit 'nem Pappkarton!

LUSTIGE ERFINDUNGEN

Die Welt ist voller verrückter Sachen. Schau dich mal um!
Sogar die einfachsten Dinge des täglichen Lebens, die dir selbstverständlich erscheinen, hat sich jemand einmal ausgedacht.

Siehst du auf diesem Bild lustige Erfindungen? Die Erläuterungen unten sollen dir beim Raten helfen. Auf den nächsten Seiten erfährst du dann Genaueres über die Gegenstände.

1.
Rate, welches Spielzeug aus einem Kuchenteller entwickelt wurde.

2.
Was heute das Lieblingskleidungsstück vieler junger Leute ist,
trugen früher die Goldgräber bei ihrer Arbeit.

3.
Rate mal, welch ungewöhnliche Fußbekleidung sich jemand
eigentlich für ein Kostümfest ausgedacht hatte!

4.
Schau, was dort am Himmel schwebt! Dies war früher
einmal alles andere als ein Spielzeug.
Die Chinesen haben damit geheime Botschaften übermittelt.

5.
Weil er keine Pappbehälter mehr hatte, kam ein Mann durch Zufall
auf diese „süße Idee".

Mit ein wenig Phantasie ist es nicht schwer, etwas zu erfinden.

1.
Als Frisbee-Scheibe dienten ursprünglich Kuchenteller. Benannt wurde die Wurfscheibe nach der Frisbie Pie Company, die ihre Produkte auf diesen Tellern vertrieb. Kinder ließen sie mit Vergnügen durch die Luft segeln.

2.
Die beliebten Jeans trugen als erste die Goldgräber in Amerika. Mitte des 19. Jahrhunderts „erfand" sie der Schneider Levi Strauss. Als er sah, wie schnell sich die Hosen der Männer abtrugen, nähte er ihnen welche aus strapazierfähigerem Material. Bluejeans sind heute noch immer ein Renner.

3.

Rollschuhe trug zum ersten Mal der Belgier Joseph Merlin. Dieser Musik-instrumentenbauer erregte Mitte des 18. Jahrhunderts auf einem Kostüm-fest beträchtliches Aufsehen, als er auf seinen Rollschuhen in den Saal rollte und dabei Violine spielte. Weil er aber nicht wußte, wie er bremsen sollte, krachte er in voller Fahrt in einen riesigen Spiegel hinein.

4.

Der Drachen wurde vor Tausenden von Jahren bereits von den Chinesen erfunden – jedoch nicht als Spiel-zeug. Die Krieger übermittelten mit diesen Drachen Botschaften, deren Inhalt sich aus Farbe, Form und Muster des Drachens ergab.

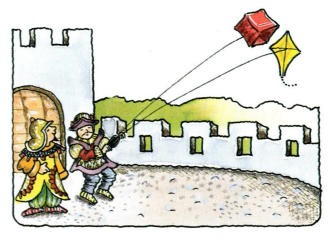

5.

Die Idee zu der leckeren, eßbaren Eiswaffel hatte Arnold Fornachou 1904 bei der Weltausstellung in St. Louis. Arnold hatte seinen Eisstand genau neben dem Waffelstand von Ernest Hamwi. Da seine Pappbehäl-hälter ausgegangen waren, wußte Arnold nicht, worin er seine Eispor-tionen verkaufen sollte. Da nahm er eine Waffel von Ernest, rollte sie als Tüte zusammen und tat dort das Eis hinein. Seitdem kann man sein Eis auch im Gehen schlecken.

Peters Rad

Ein Junge namens Peter,
Der wohnt in Oberfranken.
Der hat mal wieder, wie schon oft,
Den Super-Hit-Gedanken.
„Ich baue mir", so sagt er sich,
„Da ist ein jeder platt,
Das hat noch keiner je gesehn:
Das allertollste Campingrad!"

Da gibt es:
Bügel mit Sweatshirts und Hosen,
Radio, Fernseher und Klaviatur,
Einen Vorratsschrank für Konservendosen.

Ganz vorne steht ein Telefon,
Das Fernrohr ist die Attraktion!
Die Schreibmaschine hat auch noch Platz.

Am Lenker schwebt ein Goldfischglas,
Und ein Brett steht voll mit Büchern.
Der Piepmatz hat im Vogelbauer Spaß.

Hoch oben ist eine Wanne angebunden.
Was hast du noch alles gefunden?

Als Peter stolz sein Werk betrachtet,
An seine große Fahrt schon denkt,
Da sieht er plötzlich: Ach, du Schreck!
Es fehlen leider die Pedale,
Und auch der Sattel, der ist weg!

Jack Prelutsky

Was malt Anna wohl?

Eines schönen Sommersonnentages, da
holte Anna ihre Farben, ihre Pinsel und
Buntstifte hervor und malte ihren Tier-
freunden ein buntes Bild.

Allerlei
Nonsens

Eletelefon

Es war einmal ein Elefant,
Der griff zu einem Telefant –
O halt, nein, nein! Ein Elefon,
Der griff zu einem Telefon –
(Verflixt ich bin mir nicht ganz klar,
Ob's diesmal so ganz richtig war.)

Wie immer auch, mit seinem Rüssel
Verfing er sich im Telefüssel;
Indes sucht er sich zu befrein,
Schrillt lauter noch das Telefein –
(Ich mach jetzt Schluß mit diesem Song
Von Elefuß und Telefong!)

Laura E. Richards

Ich kannte 'ne Tante

Ich kannte 'ne Tante, die schluckte 'ne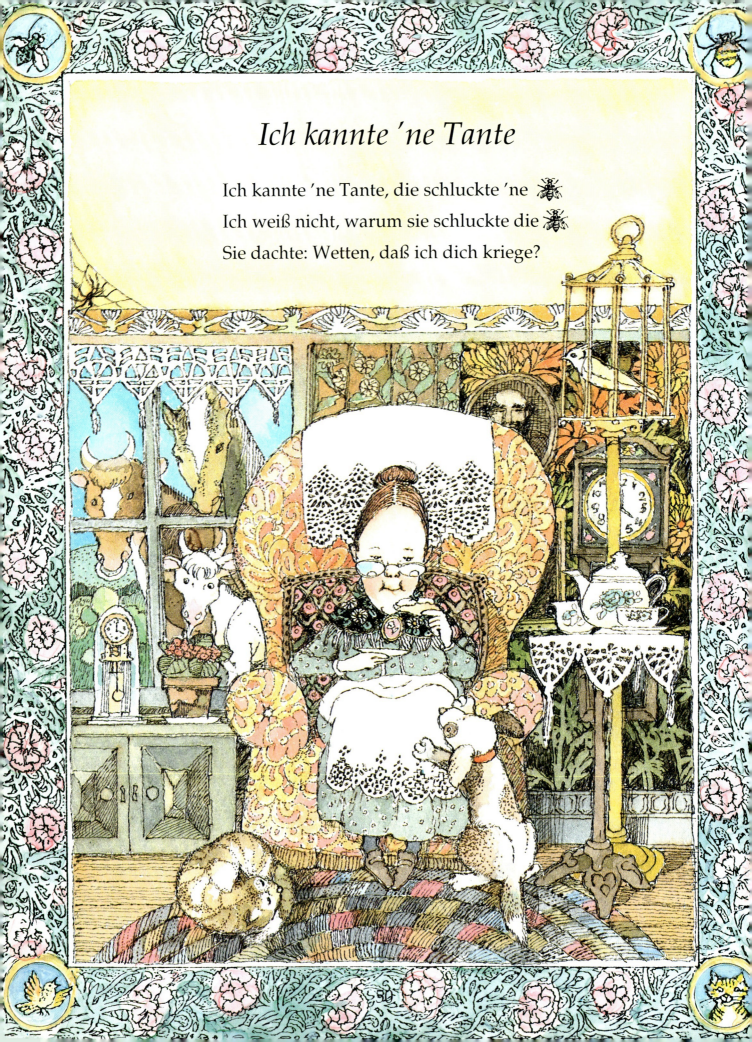
Ich weiß nicht, warum sie schluckte die
Sie dachte: Wetten, daß ich dich kriege?

Ich kannte 'ne Tante, die schluckte 'ne 🕷

Es schwanden dabei ihr fast die Sinne.

Sie schluckte die 🕷 zu fangen die 🐝

Ich weiß nicht, warum sie schluckte die 🐝

Sie dachte: Wetten, daß ich dich kriege?

Ich kannte 'ne Tante, die schluckte 'nen 🐦

Denk nicht, daß ich mogel, sie schluckte den 🐦

Sie schluckte den 🐦 zu fangen die 🕷

Es schwanden dabei ihr fast die Sinne.

Sie schluckte die 🕷 um zu fangen die 🐝

Ich weiß nicht, warum sie schluckte die 🐝

Sie dachte: Wetten, daß ich dich kriege?

Ich kannte 'ne Tante, die schluckte 'ne

Das war ein Gekratze im Hals von der

Sie schluckte die  zu fangen den

Sie schluckte den  zu fangen die

Es schwanden dabei ihr fast die Sinne.

Sie schluckte die  zu fangen die

Ich weiß nicht, warum sie schluckte die

Sie dachte: Wetten, daß ich dich kriege?

Ich kannte 'ne Tante, die schluckte 'nen

Der war kerngesund, dieser

Sie schluckte den  zu fangen die

Sie schluckte die  zu fangen den

Sie schluckte den  zu fangen die

Es schwanden dabei ihr fast die Sinne.

Sie schluckte die  zu fangen die

Ich weiß nicht, warum sie schluckte die

Sie dachte: Wetten, daß ich dich kriege?

Ich kannte 'ne Tante, die schluckte 'ne

Das ist keine Lüge, sie schluckte die

Sie schluckte die  zu fangen den

Sie schluckte den  zu fangen die

Sie schluckte die  zu fangen den

Sie schluckte den  zu fangen die

Es schwanden dabei ihr fast die Sinne.

Sie schluckte die  zu fangen die

Ich weiß nicht, warum sie schluckte die

Sie dachte: Wetten, daß ich dich kriege?

Ich kannte 'ne Tante, die schluckte 'ne

Was sagt man dazu, sie schluckte die

Sie schluckte die  zu fangen die

Sie schluckte die  zu fangen den

Sie schluckte den  zu fangen die

Sie schluckte die  zu fangen den

Sie schluckte den  zu fangen die

Es schwanden dabei ihr fast die Sinne.

Sie schluckte die  zu fangen die

Ich weiß nicht, warum sie schluckte die

Sie dachte: Wetten, daß ich dich kriege?

Ich kannte 'ne Tante, die schluckte ein
Ich weiß nicht, warum sie schluckte das
Kurz darauf habe ich von ihrem Tod gehört.

Überliefert

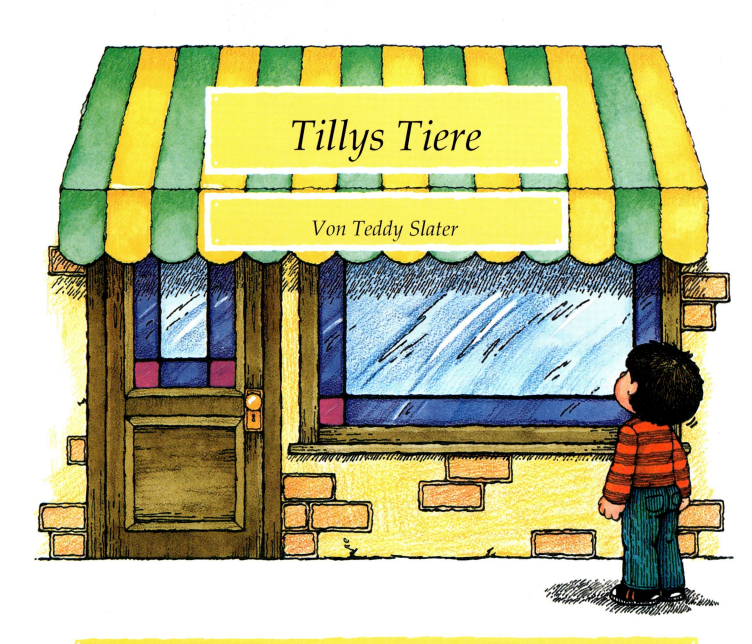

Tillys Tiere

Von Teddy Slater

Nur hereinspaziert in die Phantasie-
Tierhandlung von Tilly!
Hier gibt es etwas zu entdecken.
Tilly hat die verrücktesten Tiere der Welt!
Bestimmt ist auch für dich eines dabei!

Hungrig wie ein Wolf und kuschelig wie ein Koalabär, das ist der **Allesfresser**. Er ist ein geradezu ideales Tier für Kinder, die nicht aufessen wollen, er frißt den Teller immer leer – am liebsten mag er übriggebliebene Leber und matschige Spinatreste.

Wenn du dein Zimmer nicht gerne aufräumst, dann kann dir dabei der mehrarmige **Oktoputzler** bestimmt helfen. Mit seiner langen Nase, kommt er mühelos unter dein Bett und holt dort alle Staubflusen hervor. Und mit seinen vielen Armen kann er Spielsachen, Bücher und anderen Kram gleichzeitig einsammeln und alles wieder an den richtigen Platz stellen.

Außerdem gibt es da noch die **Blauschnabelige Quasselstrippe** – wirklich ein seltener Vogel. Er quasselt nicht nur ununterbrochen, sondern er kann sogar *lesen!* Er hat garantiert immer Zeit, dir aus deinen Büchern vorzulesen.

Wenn du Baden haßt, wirst du mit diesem Schwarm **Tollfische** überhaupt nicht mehr aus der Wanne wollen. Es sind lustige Spielgefährten wie Delphine, dabei so klein wie Goldfische. Sie springen ausgelassen in der Wanne umher. Es ist es ihnen ganz sicher schnuppe, ob du dich hinter den Ohren wäschst.

Der kleine, gelbe **Kicherwuschel** kann weder sprechen noch singen und auch nicht fliegen. Aber er kann lachen, kichern, quieken, kieksen, ha, ha, hi, hi, ho, ho! Mit diesem lustigen Tier kommst du aus dem Lachen nicht mehr heraus.

Wenn es aber Zeit ist, ins Bett zu gehen, gibt es nichts Schöneres, als einen kleinen Hund, der sich gemütlich an deinem Fußende zusammenkuschelt.

Kannst du dir vielleicht noch andere Tiere vorstellen, die du haben möchtest?

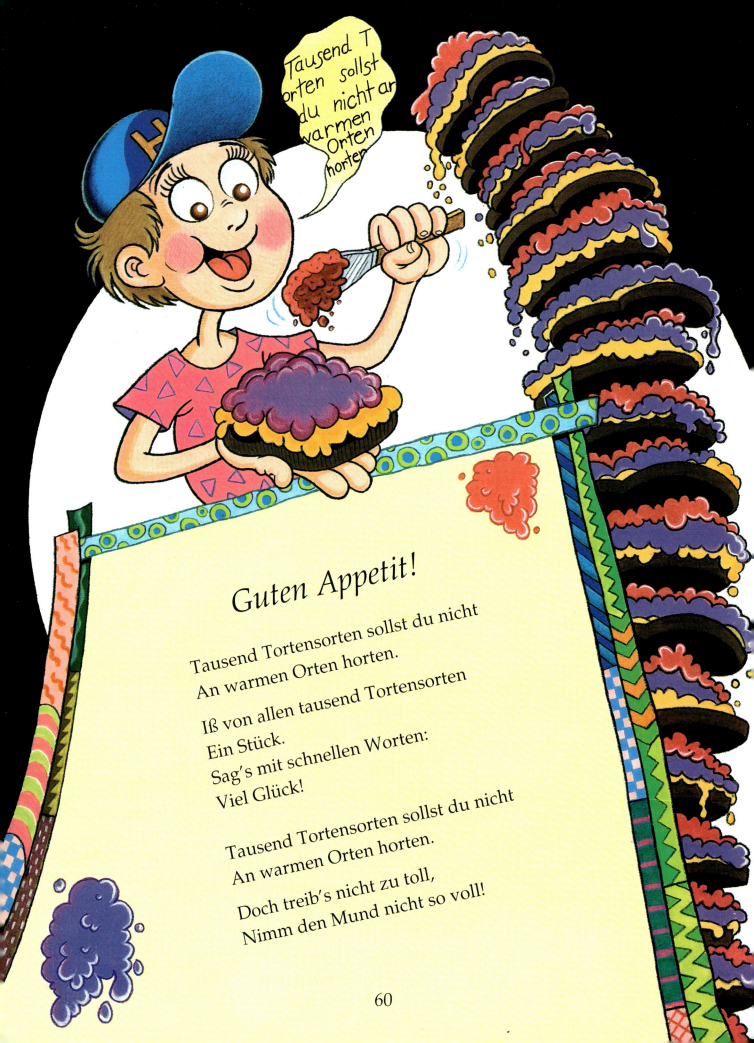

Guten Appetit!

Tausend Tortensorten sollst du nicht
An warmen Orten horten.

Iß von allen tausend Tortensorten
Ein Stück.
Sag's mit schnellen Worten:
Viel Glück!

Tausend Tortensorten sollst du nicht
An warmen Orten horten.

Doch treib's nicht zu toll,
Nimm den Mund nicht so voll!

Walschwanz-Rätsel

Male dir aus:
Einem Wal, dem säße
Zu einem unbekannten Zwecke
An seinem Schwanze
Eine Schnecke.
Nun denk dir:
Diesem Wal, dem säße
Zu einem gänzlich andren Zwecke
An seinem Schwanze
Keine Schnecke.

Der Wal ist groß,
Die Schnecke klein,
Drum kriegt der Wal auch keinen Schreck,
Ist die Schnecke plötzlich weg!

Mary Ann Hoberman

Mit Schnecke

Ohne Schnecke

61

Kiko ... Kuko ... Kokolores

Lauter Quatsch
und Piffel, Paffel,
Unsinn, Nonsens,
Wortgeraffel.

Tüten, tuten
Mäusezahn.
Wurgeln, gurgeln
Schweinekram.
Kugeln, wugeln
Kürbiskopf.
Zuseln, wuseln
Lämmergeier.
Hämmern, lämmern
Paukenschlag.
Bingo, Bongo
Knallbonbon.

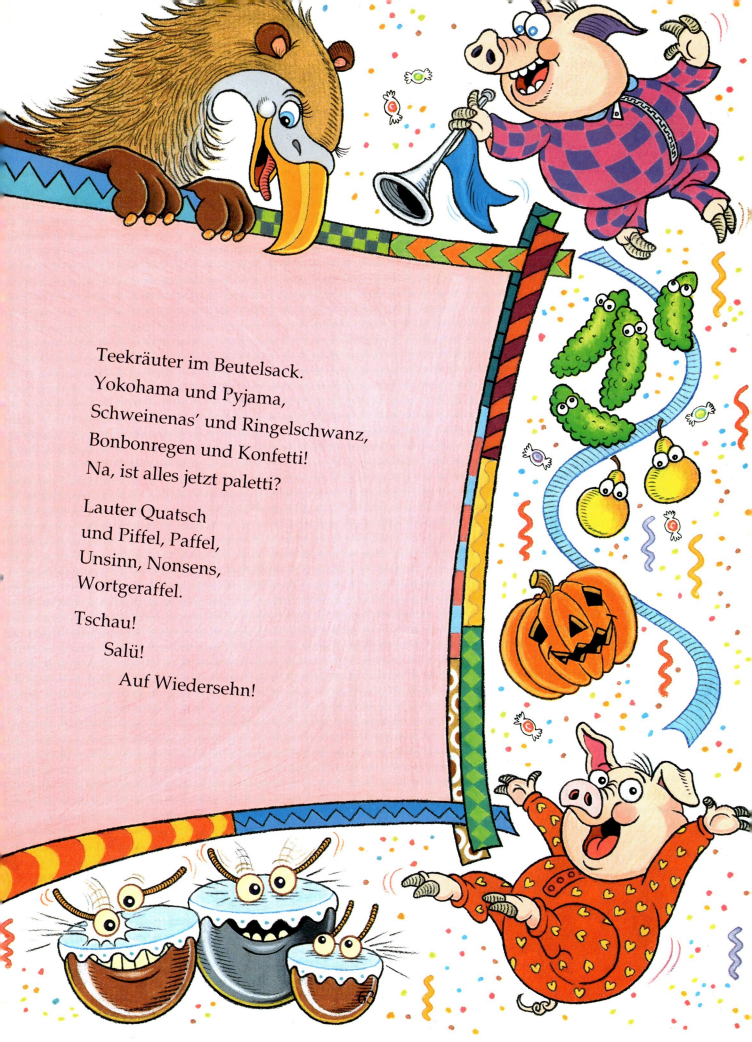

Teekräuter im Beutelsack.
Yokohama und Pyjama,
Schweinenas' und Ringelschwanz,
Bonbonregen und Konfetti!
Na, ist alles jetzt paletti?

Lauter Quatsch
und Piffel, Paffel,
Unsinn, Nonsens,
Wortgeraffel.

Tschau!
    Salü!
        Auf Wiedersehn!

Lernen ist lustig
STELL DIR VOR . . .

TIME-LIFE FOR CHILDREN ™

Publisher: Robert H. Smith
Editorial Director: Neil Kagan
Associate Editors: Jean Burke Crawford,
Patricia Daniels
Editorial Consultants: Jacqueline A. Ball, Sara Mark

EUROPÄISCHE AUSGABE:

European Editor: Ellen Phillips
Design Director: Ed Skyner
Director of Editorial Resources: Samantha Hill
Chief Sub-Editor: Ilse Gray
Designer: Paul Reeves

Additional Artwork: Colonel Mustard Design
& Illustration

DEUTSCHE AUSGABE:

Redaktionsleitung: Marianne Tölle

Aus dem Englischen übersetzt, nachgedichtet
und durch deutsche Beiträge ergänzt von
Barbara Zander und Hans Baumann *(S. 49)*

PRODUCED BY PARACHUTE PRESS, INC.

Editorial Director: Joan Waricha
Editors: Christopher Medina, Jane Stine,
Wendy Wax
Writers: Margo Lundell, Michael J. Pellowski,
Thelma Slater, Natalie Standiford, Jean Waricha
Designer: Lillian Lovitt
Illustrators: Yvette Banek, Pat and Robin DeWitt,
Dennis Hockerman, Pat Merrel, Allan Neuwirth,
John O'Brian, John Speirs, John Wallner, Ann
Wilson, Tad Zar

Authorized German language edition
© 1991 Time-Life Books B.V., Amsterdam
Original U.S. edition © 1989 Time-Life Books Inc.
All rights reserved.
Third German printing 1993.

ISBN 90-6182-637-3

TIME-LIFE is a trademark of Time Warner Inc.
U.S.A.

FISHER–PRICE and AWNING DESIGN are
trademarks of Fisher-Price, East Aurora, New
York, and are used under licence.

DANKSAGUNG

Die Herausgeber haben sich bemüht, die Rechteinhaber der Werke, die urheberrechtlich geschützt sind, ausfindig zu machen und
Genehmigungen für den Abdruck zu erhalten. Sollte ein Copyright-Anspruch bestehen, der hier keine Berücksichtigung gefunden
hat, werden wir das bei einer Neuauflage berichtigen.

Die Herausgeber danken folgenden Verlagen für die Abdruckrechte und die Genehmigung zur Übersetzung: Greenwillow Books (a
division of William Morrow & Co.) für „Peters Rad" (Originaltitel: „Michael Built A Bicycle") aus: THE NEW KID ON THE BLOCK
von Jack Prelutsky. Copyright © 1984 by Jack Prelutsky. Little Brown and Co. für „Eletelefon" (Originaltitel: „Eletelephony") aus:
TIRRA LIRRA: RHYMES OLD AND NEW von Laura E. Richards. Copyright © 1930, 1932 by Laura E. Richards, renewed 1960 by
Hamilton Richards. Für die deutsche Übersetzung Elisabeth Baumann, Murnau. Gina Maccoby Literary Agency für „Walschwanz-
Rätsel" (Originaltitel: „A Thought") aus: YELLOW BUTTER PURPLE JELLY RED JAM BLACK BREAD von Mary Ann Hoberman.
Copyright © 1981 by Mary Ann Hoberman.

Satz: Compusatz GmbH, München
Druck: GEA, Mailand, Italien
Einband: GEP, Cremona, Italien

TIME-LIFE BÜCHER
AMSTERDAM

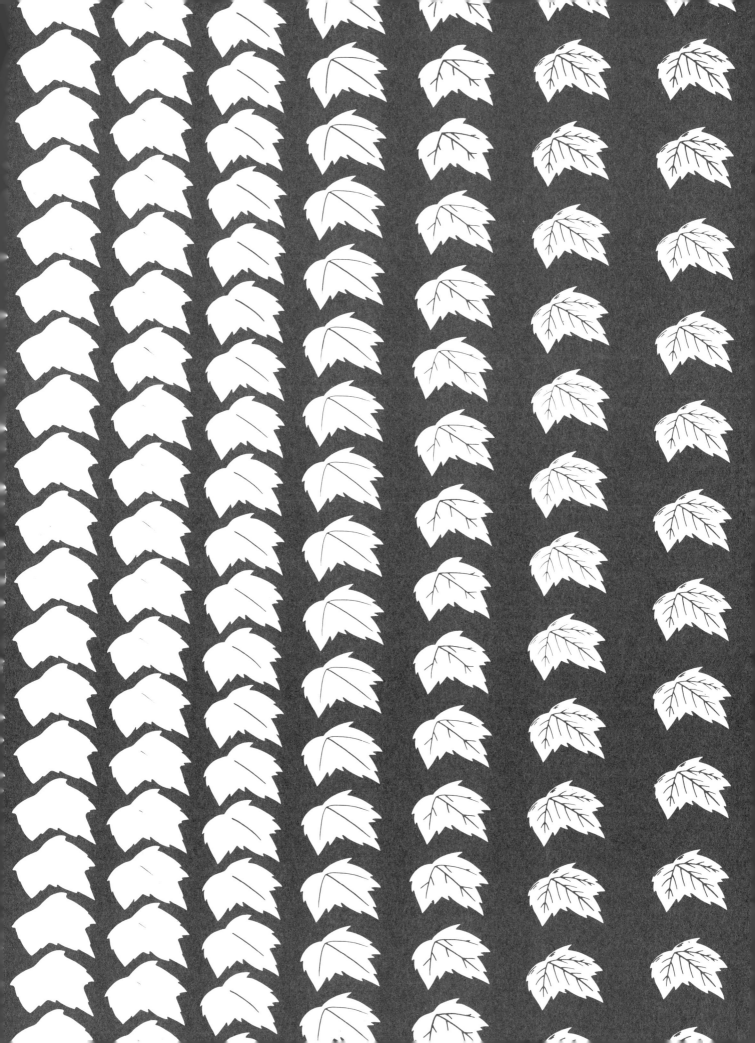

Wünschelrute

Schläft ein Lied in allen Dingen,
Die da träumen fort und fort,
Und die Welt hebt an zu singen,
Triffst du nur das Zauberwort.

Joseph Freiherr von Eichendorff